CONOCE LA HISTORIA DE ESTADOS UNIDOS

LA GUERRA DE INDEPENDENCIA

PETER CASTELLANO
TRADUCIDO POR ESTHER SARFATTI

Gareth Stevens PUBLISHING

ENCONTEXTO

Please visit our website, www.garethstevens.com. For a free color catalog of all our high-quality books, call toll free 1-800-542-2595 or fax 1-877-542-2596.

Library of Congress Cataloging-in-Publication Data

Names: Castellano, Peter, author.
Title: La guerra de Independencia / Peter Castellano.
Description: New York : Gareth Stevens Publishing, [2018] | Series: Conoce la historia de Estados Unidos | Includes bibliographical references and index.
Identifiers: LCCN 2016030415| ISBN 9781538249475 (paperback) | ISBN 9781538249482 (library bound)
Subjects: LCSH: United States--History--Revolution, 1775-1783--Juvenile literature.
Classification: LCC E208 .C36 2018 | DDC 973.3--dc23
LC record available at https://lccn.loc.gov/2016030415

First Edition

Published in 2020 by
Gareth Stevens Publishing
111 East 14th Street, Suite 349
New York, NY 10003

Translator: Esther Sarfatti
Designer: Samantha DeMartin
Editor: Kristen Nelson

Photo credits: Series art Christophe BOISSON/Shutterstock.com; feather quill Galushko Sergey/Shutterstock.com; parchment mollicart-design/Shutterstock.com; cover, p. 1 DEA PICTURE LIBRARY/De Agostini/Getty Images; pp. 5, 17 UniversalImagesGroup/Universal Images Group/Getty Images; p. 7 Interim Archives/Archive Photos/Getty Images; p. 9 Bettmann/Bettmann/Getty Images; p. 11 Slick-o-bot/Wikimedia Commons; p. 13 MPI/Archive Photos/Getty Images; pp. 15, 23 Everett Historical/Shutterstock.com; p. 19 NYPL/Wikimedia Commons; p. 21 (main) courtesy of the Library of Congress; p. 21 (inset) Stock Montage/Archive Photos/Getty Images; p. 25 DEA/G. DAGLI ORTI/De Agostini Picture Library/Getty Images; p. 27 Ed Vebell/Archive Photos/Getty Images; p. 29 Electric_Crayon/DigitalVision Vectors/Getty Images; p. 30 (timeline) Aleksandr Bryliaev/Shutterstock.com.

Printed in the United States of America

CPSIA compliance information: Batch #CS17GS: For further information contact Gareth Stevens, New York, New York at 1-800-542-2595.

CONTENIDO

Las palabras del glosario se muestran en **negrita** la primera vez que aparecen en el texto.

¡POR LA LIBERTAD!

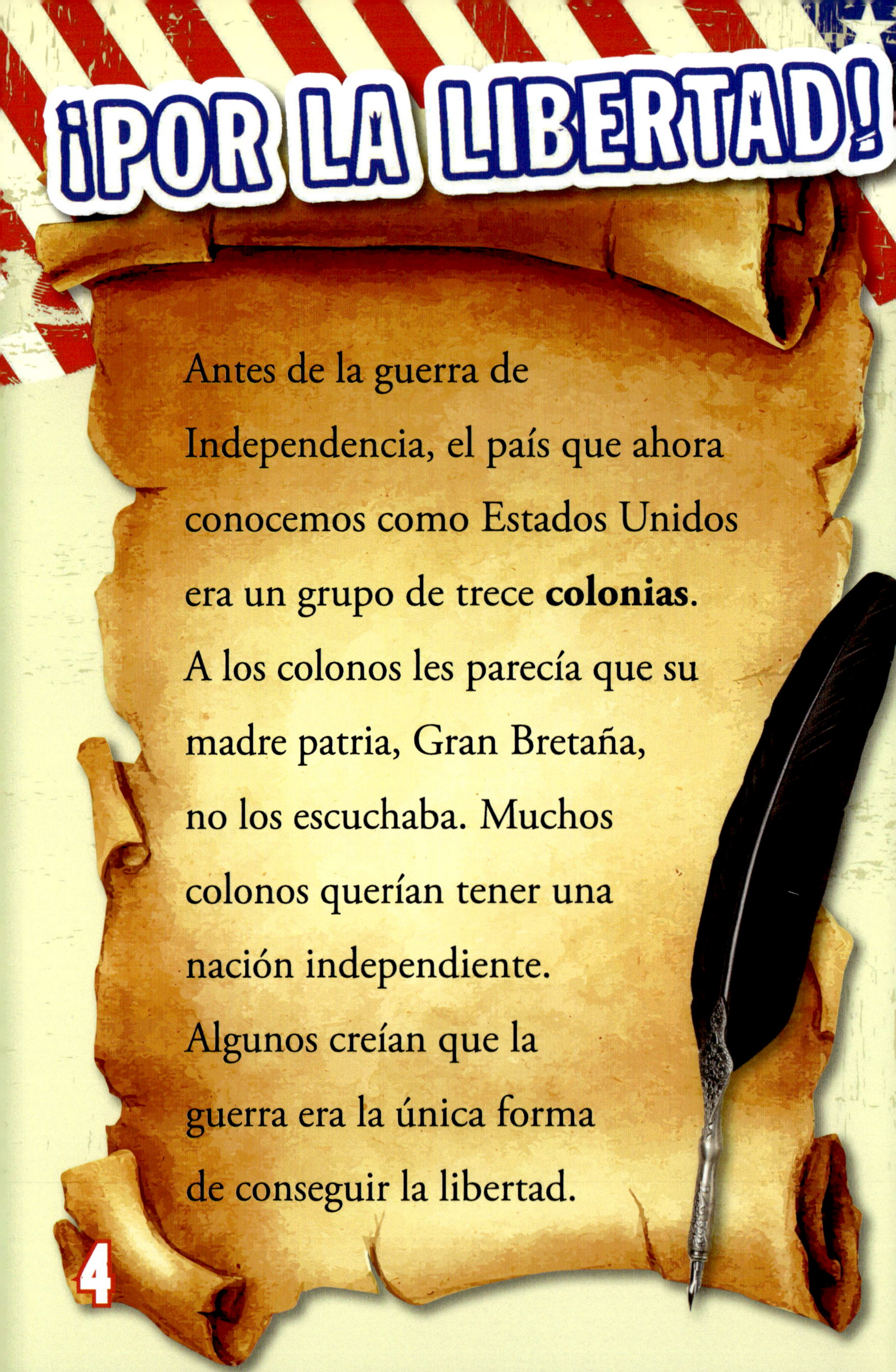

Antes de la guerra de Independencia, el país que ahora conocemos como Estados Unidos era un grupo de trece **colonias**. A los colonos les parecía que su madre patria, Gran Bretaña, no los escuchaba. Muchos colonos querían tener una nación independiente. Algunos creían que la guerra era la única forma de conseguir la libertad.

SI QUIERES SABER MÁS

Los colonos lucharon junto a los británicos durante la guerra franco-india, que terminó en 1763. Gran Bretaña necesitaba dinero después de aquella guerra y trató de conseguirlo de las colonias.

LAS CAUSAS DE LA GUERRA

Por muchos años, los colonos se gobernaron prácticamente a sí mismos; tenían poco control británico y se consideraban ciudadanos de Gran Bretaña. Pero, después, los británicos comenzaron a crear nuevas leyes. De pronto, los colonos se sintieron controlados. Por ejemplo, la Proclamación de 1763 indicaba que los colonos no podían asentarse más allá de las montañas Apalaches.

SI QUIERES SABER MÁS

La práctica británica de permitir a los colonos mucha independencia se llama *indiferencia saludable*. Se prolongó por unos ciento cincuenta años.

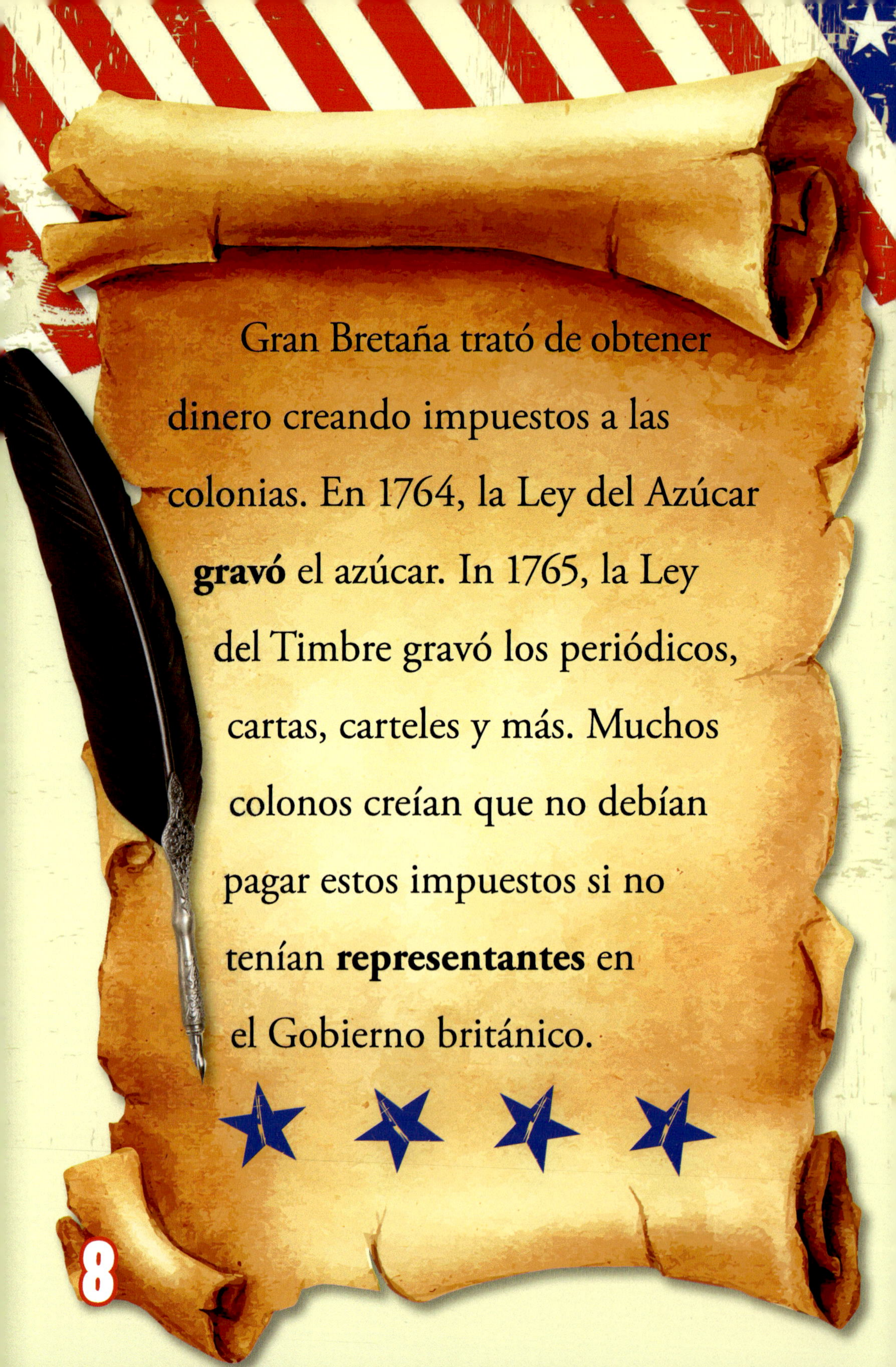

Gran Bretaña trató de obtener dinero creando impuestos a las colonias. En 1764, la Ley del Azúcar **gravó** el azúcar. In 1765, la Ley del Timbre gravó los periódicos, cartas, carteles y más. Muchos colonos creían que no debían pagar estos impuestos si no tenían **representantes** en el Gobierno británico.

Sello sugerido por un periódico para los bienes gravados

SI QUIERES SABER MÁS

La Ley del Azúcar y la Ley del Timbre fueron **derogadas.** Pero después las leyes de Townshend de 1767 gravaron el vidrio, el papel y el té.

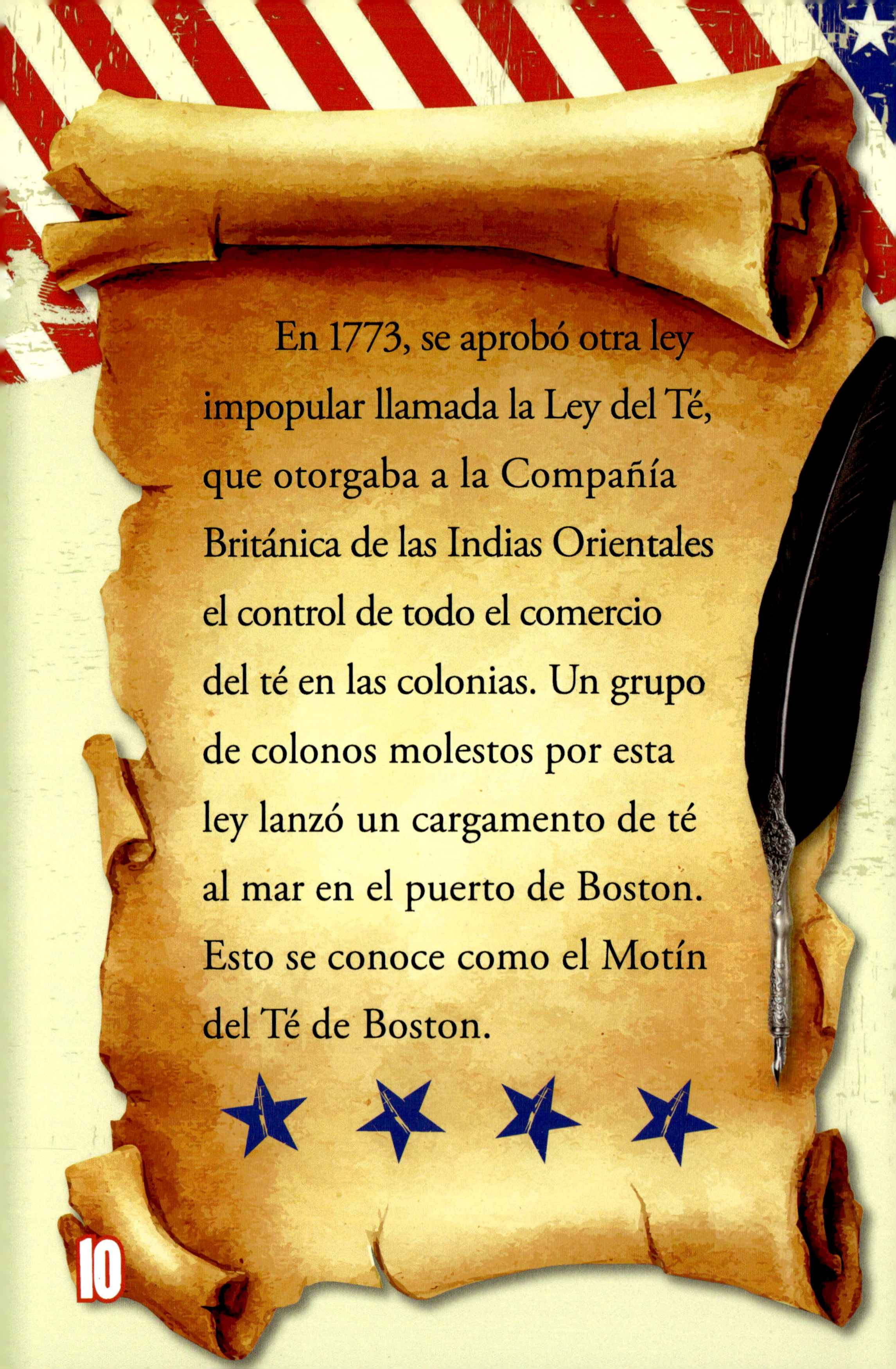

En 1773, se aprobó otra ley impopular llamada la Ley del Té, que otorgaba a la Compañía Británica de las Indias Orientales el control de todo el comercio del té en las colonias. Un grupo de colonos molestos por esta ley lanzó un cargamento de té al mar en el puerto de Boston. Esto se conoce como el Motín del Té de Boston.

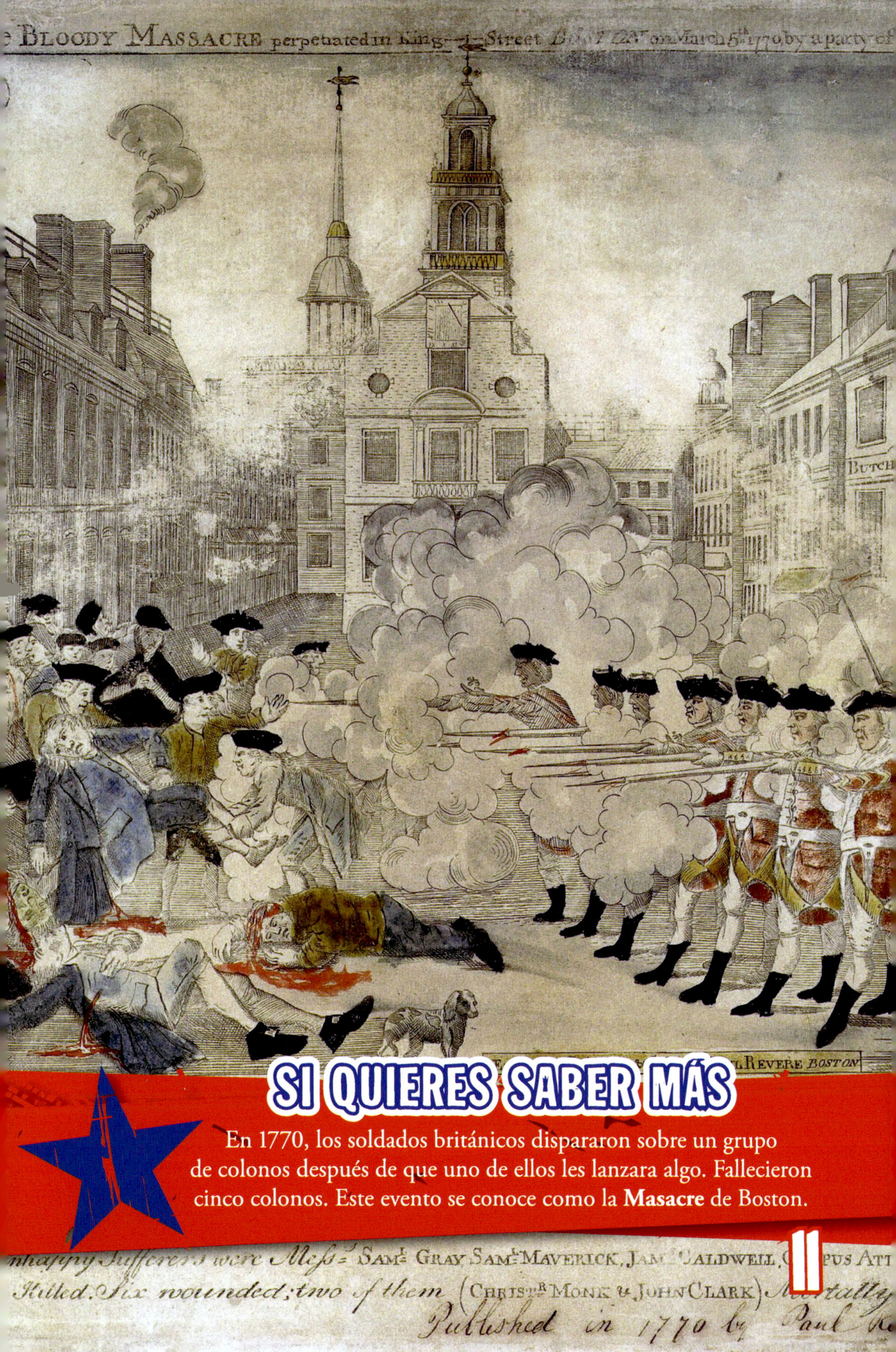

SI QUIERES SABER MÁS

En 1770, los soldados británicos dispararon sobre un grupo de colonos después de que uno de ellos les lanzara algo. Fallecieron cinco colonos. Este evento se conoce como la **Masacre** de Boston.

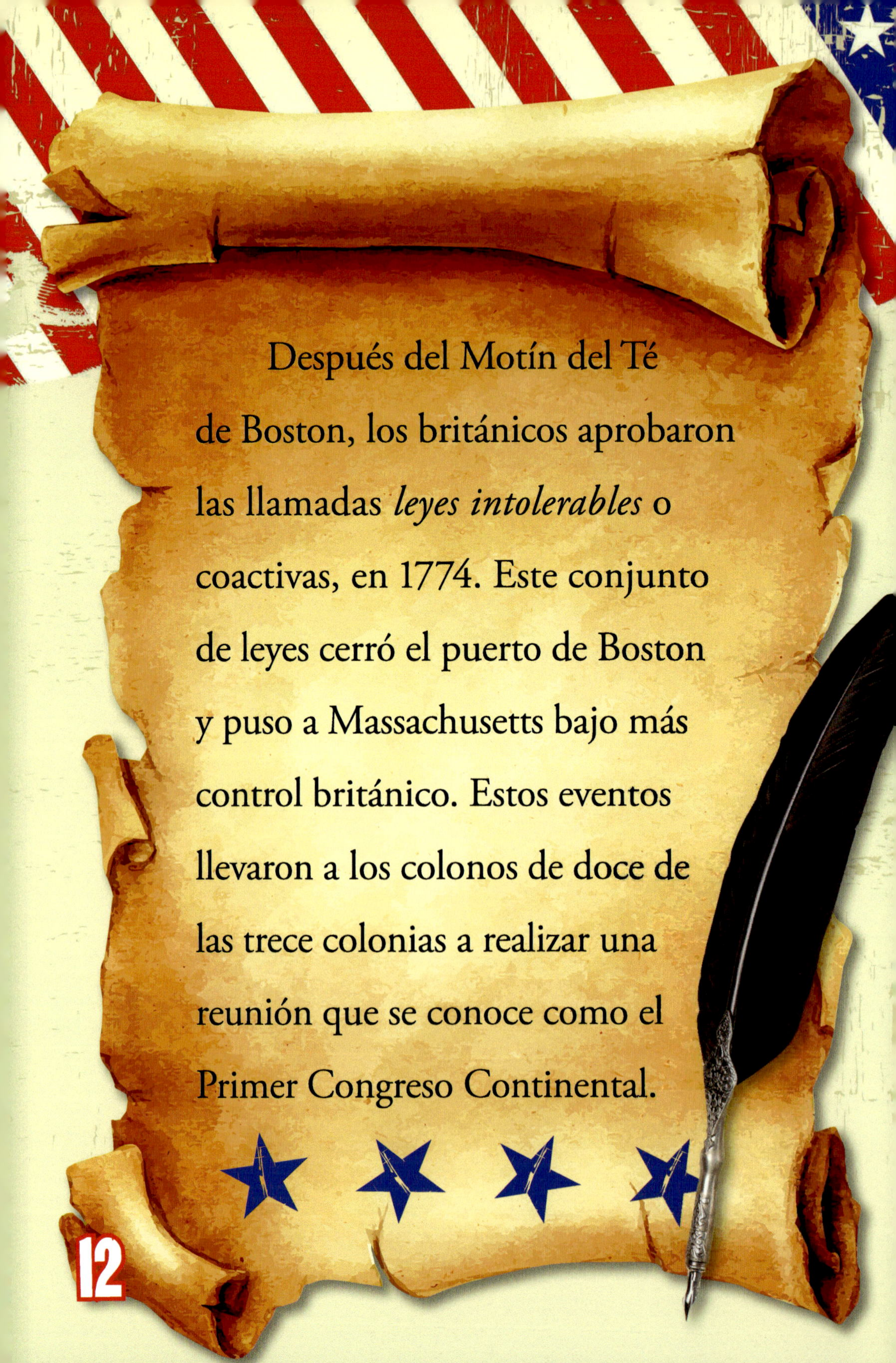

Después del Motín del Té de Boston, los británicos aprobaron las llamadas *leyes intolerables* o coactivas, en 1774. Este conjunto de leyes cerró el puerto de Boston y puso a Massachusetts bajo más control británico. Estos eventos llevaron a los colonos de doce de las trece colonias a realizar una reunión que se conoce como el Primer Congreso Continental.

SI QUIERES SABER MÁS

El Primer Congreso Continental tuvo lugar en Filadelfia, Pensilvania. En él se decidió realizar un boicot a los productos británicos. Un boicot es cuando la gente se niega a tener trato con un país para obligarlo a cambiar.

En abril de 1775, los **patriotas** en Massachusetts habían reunido armas y comenzado a entrenar para la guerra. Cuando el ejército británico llegó a los pueblos de Lexington y Concord el 19 de abril, lo recibieron las **milicias**. Nadie sabe quién disparó primero, pero con estas batallas se inició la guerra.

SI QUIERES SABER MÁS

El ejército británico trató de quitar las armas a los patriotas en Concord. En Lexington, los británicos trataron de encontrar y capturar a los líderes patriotas.

SE FORMA UN EJÉRCITO

En mayo de 1775, representantes de las trece colonias se reunieron en el Segundo Congreso Continental. El congreso formó el ejército continental y nombró a George Washington su comandante. También trató de lograr la paz con el rey de Gran Bretaña, Jorge III, pero el rey no aceptó.

SI QUIERES SABER MÁS

La Declaración de Independencia se **redactó** durante el Segundo Congreso Continental. Señalaba que las trece colonias británicas se convertirían en una sola nación libre.

Redactando la Declaración de Independencia

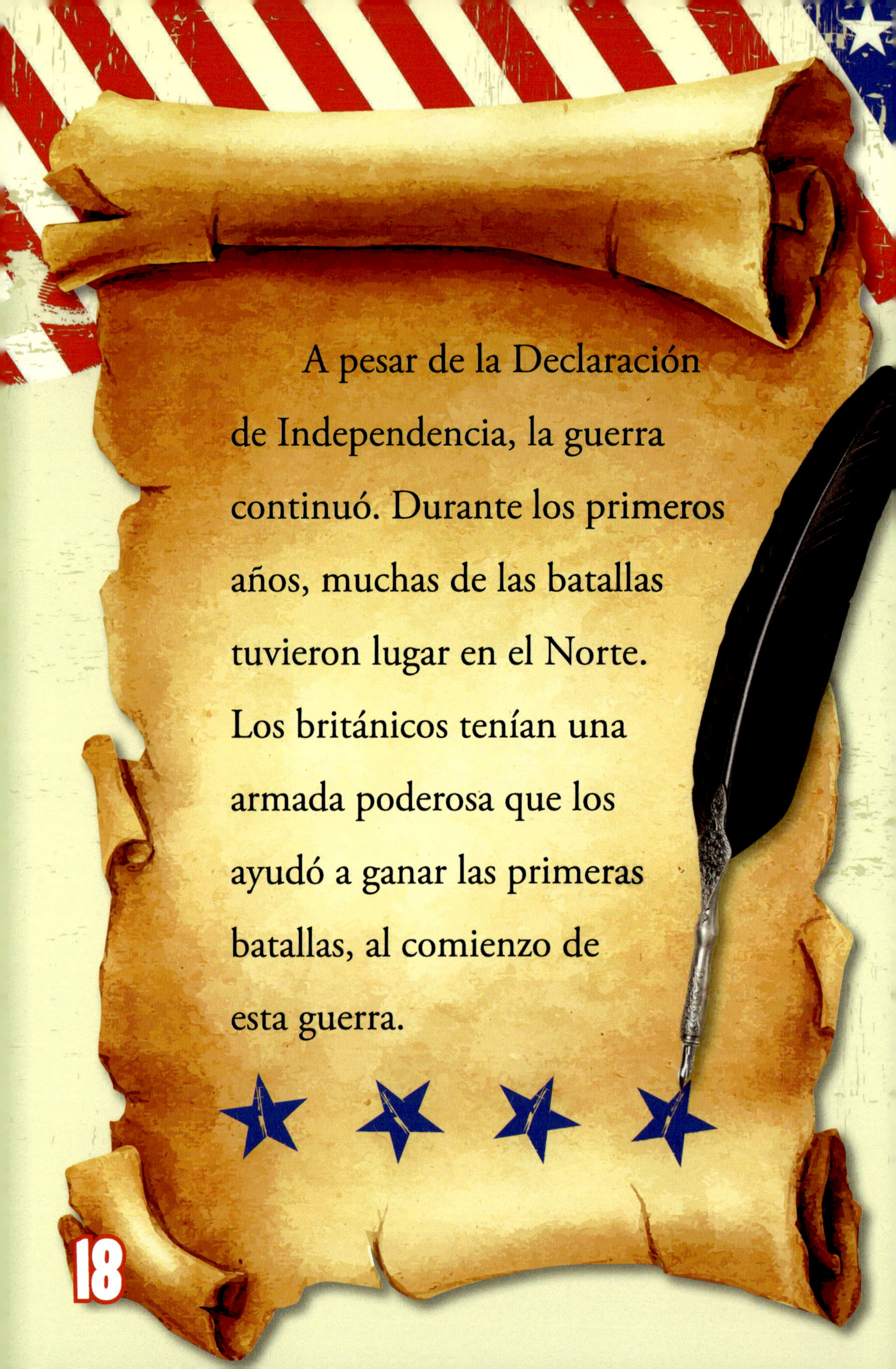

A pesar de la Declaración de Independencia, la guerra continuó. Durante los primeros años, muchas de las batallas tuvieron lugar en el Norte. Los británicos tenían una armada poderosa que los ayudó a ganar las primeras batallas, al comienzo de esta guerra.

SI QUIERES SABER MÁS

En junio de 1775, las fuerzas patriotas perdieron la batalla de Bunker Hill. Sin embargo, muchos soldados británicos murieron en la batalla, lo cual hizo pensar a los patriotas que podrían tener posibilidades de éxito.

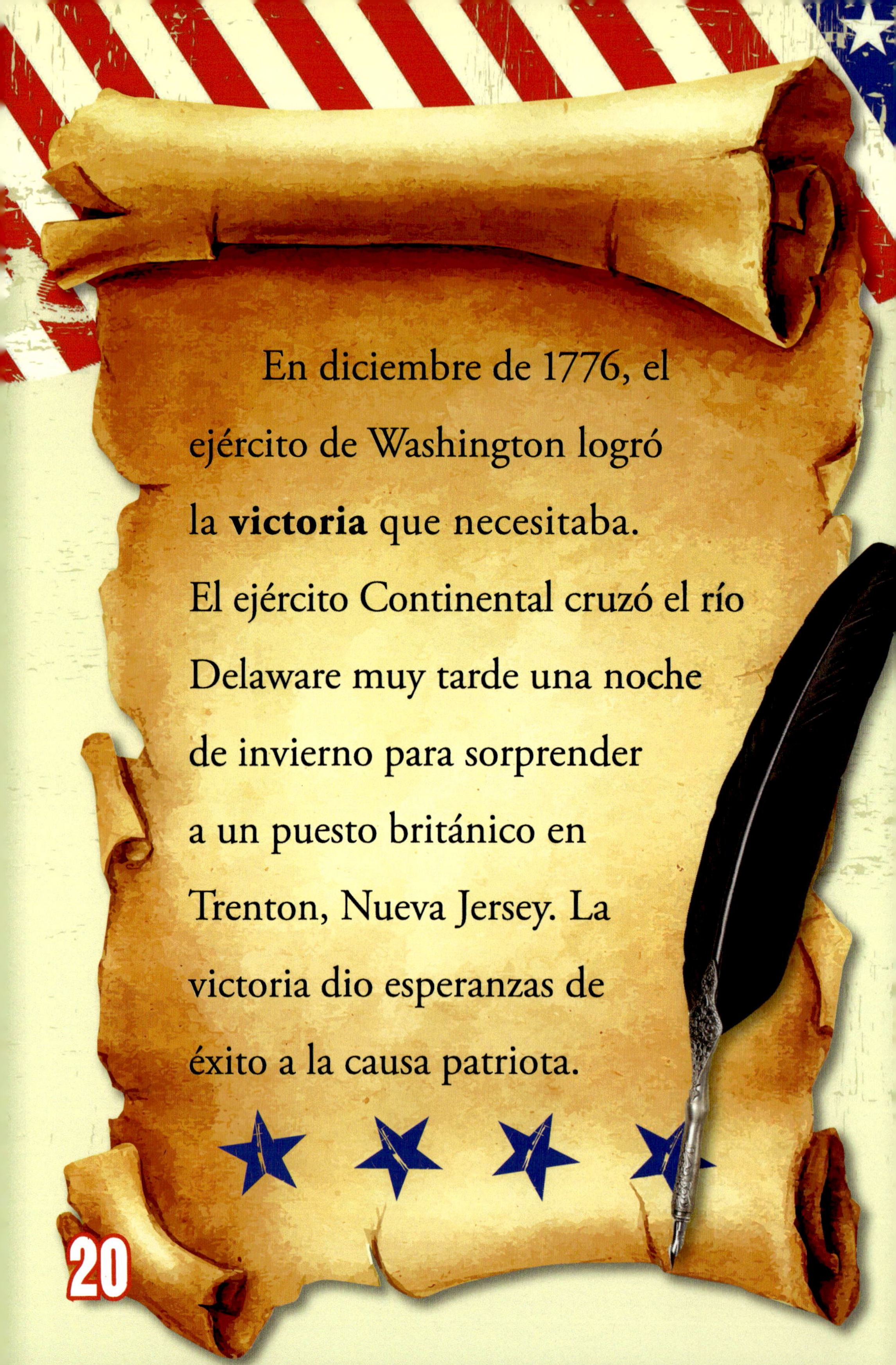

En diciembre de 1776, el ejército de Washington logró la **victoria** que necesitaba. El ejército Continental cruzó el río Delaware muy tarde una noche de invierno para sorprender a un puesto británico en Trenton, Nueva Jersey. La victoria dio esperanzas de éxito a la causa patriota.

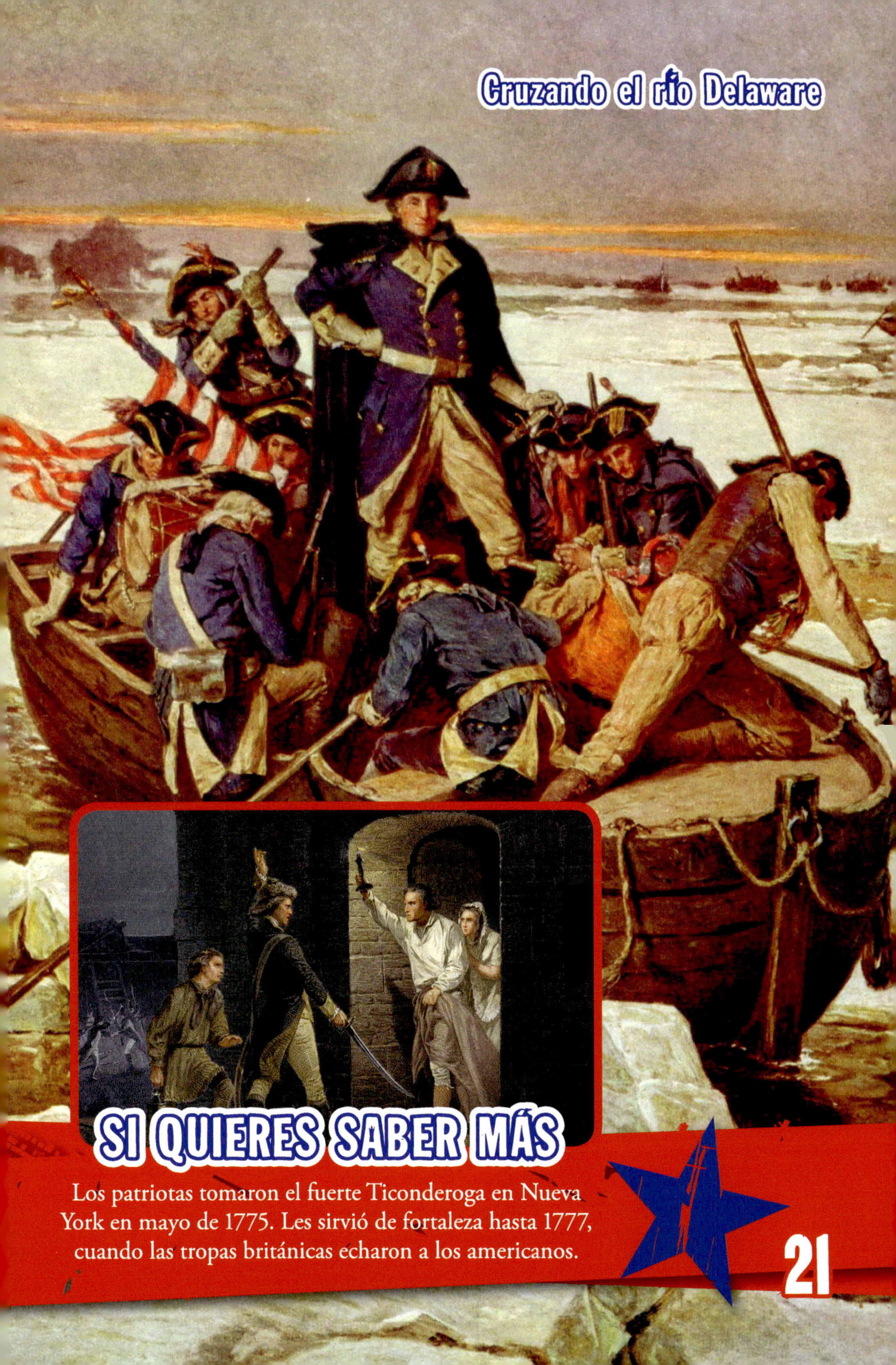

SI QUIERES SABER MÁS

Los patriotas tomaron el fuerte Ticonderoga en Nueva York en mayo de 1775. Les sirvió de fortaleza hasta 1777, cuando las tropas británicas echaron a los americanos.

EL MOMENTO DECISIVO

Aun así, los británicos siguieron ganando batallas. Pero, en octubre de 1777, el ejército continental ganó la segunda batalla de Saratoga en Nueva York. Esta victoria fue importante. Hizo que otros países se dieran cuenta de que la causa por la que los patriotas luchaban no era un imposible.

SI QUIERES SABER MÁS

El ejército continental pasó el invierno de 1777 a 1778 en Valley Forge, Pensilvania. No tenían mucha comida, habían pocas provisiones, y muchos hombres murieron por diversas enfermedades.

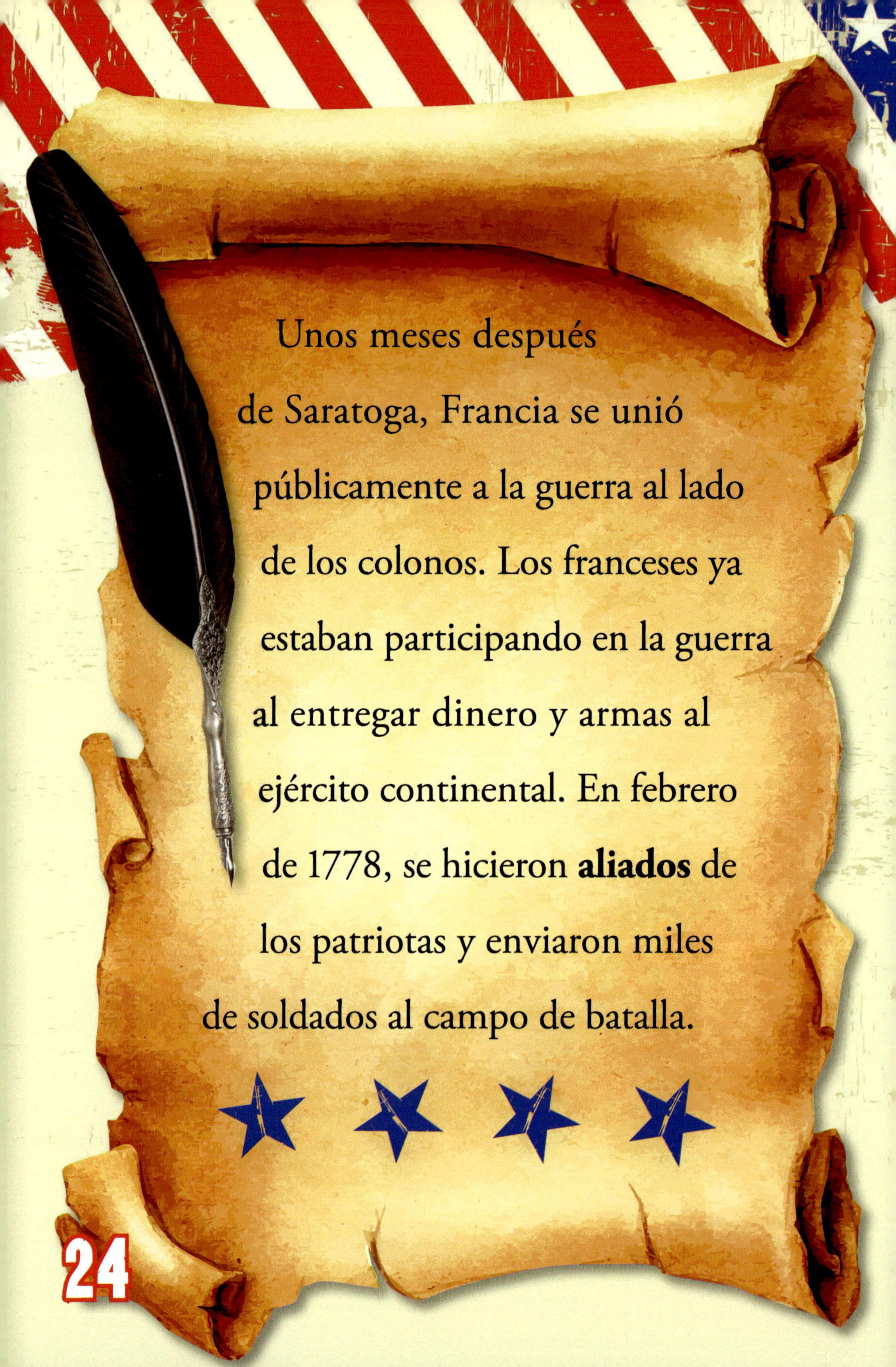

Unos meses después de Saratoga, Francia se unió públicamente a la guerra al lado de los colonos. Los franceses ya estaban participando en la guerra al entregar dinero y armas al ejército continental. En febrero de 1778, se hicieron **aliados** de los patriotas y enviaron miles de soldados al campo de batalla.

SI QUIERES SABER MÁS

El marqués de Lafayette es el soldado francés más famoso de la guerra de Independencia. Se convirtió en un buen amigo de George Washington.

¡RENDICIÓN!

Los británicos llevaron la guerra a las colonias sureñas entre 1778 y 1781. A pesar de que ganaron algunas batallas, los líderes del ejército continental, usando **tácticas** menos tradicionales, comenzaron a vencerlos. Con la ayuda de los franceses, el ejército continental obligó a los británicos a **rendirse** en Yorktown, Virginia.

SI QUIERES SABER MÁS

Lord Charles Cornwallis, el general que dirigía el ejército británico, era muy respetado por el éxito que había tenido en otras guerras británicas.

EL TRATADO DE PARÍS

En 1783, las trece colonias y los británicos firmaron el **Tratado de París**. Este tratado, que marcó el fin de la guerra, decía que Gran Bretaña reconocía las trece colonias como una nación independiente. Finalmente, el nuevo país, Estados Unidos, comenzó a trabajar en la creación de su propio Gobierno.

SI QUIERES SABER MÁS

Según el tratado, las fronteras del nuevo país de Estados Unidos serían el océano Atlántico al este y el río Misisipi al oeste.

LÍNEA DEL TIEMPO DE LA GUERRA DE INDEPENDENCIA

Septiembre de 1774

Comienza el Primer Congreso Continental.

19 de abril de 1775

Tienen lugar las batallas de Lexington y Concord, las primeras de la guerra.

Mayo de 1775

Comienza el Segundo Congreso Continental.

17 de junio de 1775

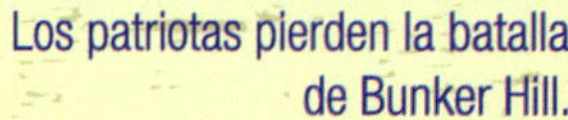

Los patriotas pierden la batalla de Bunker Hill.

4 de julio de 1776

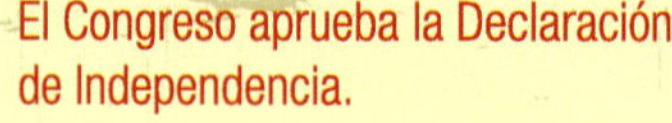

El Congreso aprueba la Declaración de Independencia.

7 de octubre de 1777

El ejército continental gana la segunda batalla de Saratoga.

6 de febrero de 1778

Francia se une a la guerra, a favor de los colonos.

19 de octubre de 1781

Los británicos se rinden en Yorktown.

3 de septiembre de 1783

Se firma el Tratado de París.

GLOSARIO

aliado: dos o más personas o grupos que trabajan juntos.

colonia: territorio bajo el control de otro país.

derogar: anular o dejar sin efecto una ley.

gravar: poner un impuesto sobre algo.

masacre: matanza de un gran número de personas, sobre todo cuando no pueden protegerse.

milicia: grupo de ciudadanos que se organizan como soldados para protegerse.

patriota: persona que ama a su país.

redactar: escribir un documento.

rendirse: darse por vencido.

representante: alguien que actúa en nombre de un grupo de personas.

táctica: forma de conseguir un logro militar.

tratado: acuerdo entre países.

victoria: hecho de ganar o vencer a un enemigo.

PARA MÁS INFORMACIÓN

Libros

Lanser, Amanda. *The American Revolution by the Numbers.* North Mankato, MN: Capstone Press, 2016.

Marciniak, Kristin. *The Revolutionary War: Why They Fought.* North Mankato, MN: Compass Point Books, 2016.

Sitios de Internet

American Revolution: Timeline

ducksters.com/history/revolutionarywartimeline.php

Repasa los acontecimientos anteriores a la guerra de Independencia, así como los sucesos principales de la guerra.

Nota del editor para educadores y padres: nuestro personal especializado ha revisado cuidadosamente estos sitios web para asegurarse de que son apropiados para los estudiantes. Muchos sitios web cambian con frecuencia, por lo que no podemos garantizar que posteriores contenidos que se suban a esas páginas cumplan con nuestros estándares de calidad y valor educativo. Tengan presente que se debe supervisar cuidadosamente a los estudiantes siempre que tengan acceso al Internet.